OBJETS D'ART

DE LA CHINE ET DU JAPON

DÉCEMBRE 1913

CATALOGUE

D'UNE

COLLECTION D'OBJETS D'ART

DE LA CHINE ET DU JAPON

CÉRAMIQUE

des Époques Ming, Kang=hi, Yungching, Kienlong, etc.

FIGURES EN POTERIE — TABATIÈRES
BRONZES — ÉMAUX CLOISONNÉS — ÉMAUX PEINTS
PIERRES DURES ET PIERRES DE LARD
IVOIRES — LAQUES ET BOIS INCRUSTÉS
LIVRES JAPONAIS, etc.

dont la vente aura lieu à l'HOTEL DROUOT

Salle n° 8

les lundi 15 et mardi 16 décembre 1913, à 2 heures

COMMISSAIRES-PRISEURS

Mᵉ G. CHARPENTIER	Mᵉ F. LAIR-DUBREUIL
25, Avenue Trudaine	6, rue Favart

M. André PORTIER
Expert près le Tribunal Civil
24, rue Chauchat

CHEZ LESQUELS SE DISTRIBUE LE PRÉSENT CATALOGUE

EXPOSITION PUBLIQUE le dimanche 14 décembre 1913
de 2 heures à 6 heures
à l'HOTEL DROUOT, salle n° 8

COLLECTION D'OBJETS D'ART
DE LA CHINE ET DU JAPON

CÉRAMIQUE

N° 1. — Deux figures formant paire, représentant deux enfants chinois portant des vases fleuris.

Epoque *Ming*.   Haut. 28 cm.

2. — Potiche, la panse arrondie, décorée en réserve, sur un fond résillé rouge, de trois panneaux offrant des décors fleuris.

Epoque *Ming*.   Haut. 30 cm.

3. — Vase cornet, en porcelaine blanche, décoré au col d'un noble personnage entouré de ses serviteurs; la panse et le pied offrent des décors fleuris.

Epoque *Ming*.   Haut. 42 cm.

4. — Autre vase cornet, offrant le même décor fleuri sur la panse et le pied; le col présente des oiseaux Hoô, près d'arbres en fleurs.

Epoque *Ming*.   Haut. 42 cm.

5. — Très beau vase cornet, le col légèrement coupé, décoré, sur fond blanc, d'oiseaux dans les rochers et de motifs de chrysanthèmes stylisés.

Epoque *Kang-hi*.   Haut. 43 cm.

6. — Potiche décorée, sur fond blanc, d'un buisson de chrysanthèmes stylisés.

Epoque *Kang-hi*.   Haut. 27 cm.

7. — Très jolie tuile de chauffage, à double face, offrant deux jeunes femmes et un cheval sur une terrasse, au bord des flots, et un bouquet de chrysanthèmes vers lequel vole un papillon.

Epoque *Kang-hi*.   Diam. 26 cm., haut. 17 cm.

8. — Vase pitong décoré, sur fond blanc, de jeunes femmes se promenant sur une terrasse fleurie.

Epoque *Kang-hi*.   Haut. 14 cm.

9. — Vase pitong, similaire au précédent, décoré d'un noble personnage, accompagné de deux serviteurs.
Epoque *Kang-hi*.   Haut. 14 cm.

10. — Vase pitong, décoré de deux Rishi, l'un debout sur des nuages, l'autre chevauchant un dragon.
Epoque *Kang-hi*.   Haut. 14 cm.

11. — Vase pitong, décoré de chrysanthèmes stylisés.
Epoque *Kang-hi*.   Haut. 11 cm.

12. — Petit vase applique, offrant un décor d'attributs variés et d'emblèmes bouddhiques.
Epoque *Kang-hi*.   Haut. 14 cm.

13. — Une paire de potiches, à couverte bleu soufflé, décorées, en or, d'oiseaux Hoô, de dragons et de chrysanthèmes.
Epoque *Kienlong*.   Haut. 35 cm.

14. — Potiche décorée, sur fond jaune, en réserve, de médaillons, de paysages et de motifs fleuris, d'une grande finesse d'exécution.
Epoque *Kienlong*.   Haut. 23 cm.

15. — Vase pitong, offrant le même décor que la potiche précédente.
Epoque *Kienlong*.   Haut. 7 cm.

16. — Potiche couverte, en ancienne porcelaine de Chine, à décor bleu et blanc, offrant un semis de chrysanthèmes stylisés.
Epoque *Kienlong*.   Haut. 40 cm.

17. — Grosse potiche, de forme arrondie, en porcelaine bleu soufflé.
Epoque *Kienlong*.   Haut. 30 cm.

18. — Très joli vase, de forme élancée, la panse surélevée, en porcelaine bleu et blanc, décoré de motifs fleuris.
XVIIIe siècle.   Haut. 35 cm.

19. — Jolie bouteille en forme d'une gourde à double panse, en porcelaine bleu soufflé.
XVIIIe siècle.   Haut. 33 cm.

20. — Grosse potiche, en porcelaine bleu et blanc, décorée de motifs fleuris.
                    Haut. 38 cm.

21. — Joli vase cornet, en porcelaine bleu et blanc, décoré en réserve de motifs fleuris et de médaillons d'attributs divers.
Style *Yungching*.   Haut. 41 cm.

22. — Vase cornet, le col largement évasé, flanqué de deux anses, en porcelaine céladon à double craquelure.

Haut. 42 cm.

23. — Vase cornet, à couverte noire, le col quadrilatéral, supportant deux anses boucles.

Haut. 34 cm.

24. — Potiche couverte, en porcelaine bleu et blanc, offrant un motif floral très finement dessiné.

xviiie siècle.   Haut. 33 cm.

25. — Deux jolies gargoulettes, formant paire, piriformes, à couverte flambée rouge.

Epoque *Taokuang*.   Haut. 50 cm.

26. — Vase cornet, de forme tubulaire, en porcelaine céladonée, décoré en réserve blanche de motifs fleuris et d'oiseaux.

Haut. 48 cm.

27. — Deux vases cornets, formant paire, en porcelaine bleu et blanc, décorés d'un fin paysage lacustre.

Haut. 45 cm.

28. — Jolie bouteille, à large col tubulaire, à couverte flambée rouge.

Epoque *Taokuang*.   Haut. 40 cm.

29. — Grand vase cornet, le col largement évasé, en porcelaine flambée rouge et bleu.

Epoque *Taokuang*.   Haut. 55 cm.

30. — Grand vase cornet, en porcelaine blanche, à larges craquelures, décoré de deux panneaux bleus, l'un représentant un personnage entouré d'enfants, l'autre deux hérons sur le tronc d'un arbre mort.

Haut. 62 cm.

31. — Bouteille, à large col tubulaire, à couverte flambée rouge.
Epoque *Taokuang*.   Haut. 40 cm.

32. — Pot à gingembre, de forme arrondie, en porcelaine à couverte bleu soufflé.
Cachet *Kienlong*.   Haut. 24 cm.

33. — Autre pot à gingembre, en porcelaine bleu et blanc, à décor le rinceaux fleuris.
xviiie siècle.   Haut. 23 cm.

34. — Pot à gingembre, de forme arrondie, décoré sur fond à craquelures crème de branches de chrysanthèmes stylisés.
xviiie siècle.   Haut. 22 cm.

35. — Grand vase, de forme ovoïde, décoré sur fond craquelé d'arbres en bleu et de papillons en laques divers.

Japon. Haut. 75 cm.

36. — Gargoulette, de forme quadrilobée, décorée en réserve sur fond bleu d'un motif stylisé de fleurs de cerisier et de deux médaillons à personnages, en émaux bleus.

Signée : *Taokuang.* Haut. 33 cm.

37. — Vase cornet, le col évasé, l'épaulement supportant deux anses à têtes d'éléphants, en porcelaine flambée bleu violacé.

Epoque *Taokuang.* Haut. 35 cm.

38. — Deux bouteilles, formant paire, le col large et tubulaire, à couverte flambée rouge.

Epoque *Taokuang.* Haut. 31 cm.

39. — Jolie Kwannin, en ancien blanc de Chine; elle est représentée debout, sur un socle de vagues stylisées et portant l'Enfant.

Epoque *Kiaking.* Haut. 43 cm.

40. — Bouteille, à large col tubulaire, à couverte flambée rouge.

Epoque *Taokuang.* Haut. 35 cm.

41. — Grande bouteille, la panse aplatie formant disque, décorée de dragons dans les nuages : sur la panse, en réserve, deux jolis médaillons représentant un couple dans un jardin fleuri, surveillé par un troisième personnage sous une vérandah. Deux anses chauves-souris.

Epoque *Tung-che.* Haut. 48 cm., diam. 35 cm.

42. — Bouteille, de forme élancée, le col évasé, en porcelaine blanche, décorée, en émaux bleus et bruns, d'oiseaux Hoô dans des massifs de fleurs.

Haut. 35 cm.

43. — Vase cornet, en porcelaine bleu et blanc, décoré d'oiseaux variés sur un arbre en fleurs.

Haut. 35 cm.

44. — Petit vase, la panse aplatie, décoré, en émaux bleus et bruns, de bouquets fleuris; le col supporte deux anses tubulures.

Epoque *Kwang-shiu.* Haut. 26 cm.

45. — Vase de forme quadrilatérale, en porcelaine blanche, décoré sur deux faces de scènes à personnages et sur les deux autres d'anses en forme de têtes d'éléphants et de poésies.

Epoque *Taokuang.* Haut. 25 cm.

46. — Vase applique, en forme d'une bouteille, en porcelaine bleu et blanc, à décor de rinceaux fleuris stylisés.

Epoque *Kiaking*.   Haut. 26 cm.

47. — Vase, de forme ovoïde, gravé sous une épaisse couverte céladon de chrysanthèmes stylisés.

Japon *Seiji*.   Haut. 30 cm.

48. — Petit vase cornet, à couverte blanche décorée de larges craquelures.

Epoque *Kiaking*.   Haut. 29 cm.

49. — Très joli vase, de forme conique, à couverte flambée rouge violacé.

Epoque *Taokuang*.   Haut. 29 cm.

50. — **Deux vases**, formant paire, décorés en réserve d'émaux bleus, sur fond céladon, de scènes à personnages.

Haut. 23 cm.

51. — Vase de forme quadrilatérale, décoré en émaux bleus et rouges de paysages maritimes.

Epoque *Kwang-shiu*.   Haut. 35 cm.

52. — Petit vase, de forme quadrilatérale, à couverte céladonée, décoré en relief d'arêtes saillantes.

Haut. 20 cm.

53. — Petite bouteille, de forme élancée, en porcelaine blanche, décorée en émaux violacés de trois chimères.

Style *Kang-hi*.   Haut. 23 cm.

54. — Petite bouteille, la panse arrondie, le col évasé, à couverte foie de mulet.

Epoque *Taokuang*.   Haut. 22 cm.

55. — **Deux bouteilles** formant paire, à couverte blanche à larges craquelures. Au col, une zone gravée en émaux bruns.

Datés *Chingwa* mais *Tung-che*.   Haut. 24 cm.

56. — Joli petit vase, à couverte bleu de Perse.

Fin XVIIIe siècle.   Haut. 23 cm.

57. — **Deux vases piriformes**, formant paire, à couverte céladon largement craquelée. L'épaulement supporte deux macarons chimériques en émaux bruns.

Datés *Chingwa* mais *Tung-che*.   Haut. 25 cm.

58. — **Deux vases piriformes**, formant paire, décorés en relief, sur fond craquelé, d'oiseaux et de branches fleuries.

Haut. 23 cm.

59. — Joli pot couvert, en porcelaine bleu et blanc, à décor de vases fleuris.

xviiiᵉ siècle.   Haut. 18 cm.

60. — Deux vases formant paire, la panse aplatie, à couverte céladon réservant des panneaux de fleurs et de poésies.

Cachet *Kienlong*.   Haut. 22 cm.

61. — Deux bouteilles formant paire, la panse élevée, décorées en bleu et blanc de rinceaux fleuris stylisés.

Haut. 24 cm.

62. — Vase balustre, l'épaulement supportant deux anses chimériques, à couverte corail; la panse est décorée d'un troupeau de biches sous un pin.

Epoque *Taokuang*.   Haut. 18 cm.

63. — Deux vases ovoïdes, formant paire, en porcelaine bleu et blancfi, le décor représentant des personnages sous les arbres.

Haut. 23 cm.

64. — Pot ovoïde en porcelaine bleu et blanc, décoré de canards au-dessus d'un marais.

xviiiᵉ siècle.   Haut. 17 cm.

65. — Petite bouteille, la panse aplatie, décorée en émaux bruns de tables et de vases fleuris.

Epoque *Kiaking*.   Haut. 13 cm.

66. — Pot en porcelaine bleu et blanc, le col gravé sous couverte d'oiseaux Hoô, la panse décorée de personnages sous les arbres.

xviiiᵉ siècle.   Haut. 20 cm.

67. — Petite potiche couverte, en porcelaine bleu et blanc, à décor de rinceaux fleuris stylisés.

Haut. 23 cm.

68. — Très jolie bouteille en forme de gourde à double panse, décorée, en émaux bleus, d'ornements fleuris très stylisés.

Epoque *Kang-hi*.   Haut. 22 cm.

69. — Petit pot arrondi décoré, en émaux de la famille rose, de branches fleuries.

Epoque *Kienlong*.   **Haut. 12 cm.**

70. — Un autre pot, d'un décor similaire.

Haut. 11 cm.

71. — Un vase, en forme d'une boule, offrant le même décor.

Haut. 15 cm.

72. — Deux vases formant paire, en forme de gourdes à double panse, décorés de trois zones d'émaux bruns.

Marqués *Chingwa*, mais *Tung-che*. Haut. 18 cm.

73. — Bouteille en forme d'une gourde à double panse, décorée. en émaux bleus et rouges, d'écureuils dans la vigne.

Epoque *Taokuang*. Haut. 18 cm.

74. — Bouteille piriforme, décorée, en polychromie, de chimères et d'attributs.

XVIII° siècle. Haut. 20 cm.

75. — Vase, la panse haute et quadrilatérale. décoré, sur fond céladon, de branchages fleuris.

Haut. 19 cm.

76. — Deux petits vases à couverte flambée rouge.

Haut. 15 cm.

77. — Vase pitong, de forme tubulaire. à couverte crème craquelée.

XVIII° siècle.

78. — Deux verseuses en porcelaine bleu et blanc, à décor de rochers et de fleurs.

79. — Une verseuse en porcelaine blanc de Chine.

80 à 84. — Un lot de petits vases, de formes variées, en porcelaines diverses.

85. — Deux vases-appliques décorés de scènes à personnages.

86. — Deux vases, formant paire, quadrilatéraux, à couverte céladonée.

87. — Petit vase à couverte céladonée, la panse lobée imitant un fruit.

XVIII° siècle.

88. — Vase pitong, décoré, en relief, de trois zones d'émaux bleus et rouges.

Epoque *Kienlong*.

89. — Vase pitong, décoré, sur fond jaune. d'oiseaux dans les fleurs.

Epoque *Kienlong*.

90. — Petit vase de forme arrondie, en blanc de Chine. à larges craquelures.

91. — Deux petites bouteilles. piriformes, à couverte bleu de Perse.

XVIII° siècle.

92. — Un vase de forme arrondie, à couverte peau de serpent.
XVIIIe siècle.

93. — Une petite bouteille flambé rouge.
Epoque *Taokuang*.

94. — Vase, de forme octogonale, à couverte crème craquelée.

95. — **Deux vases, de formes hexagonales, décorés, sur fond bleu,**
d'ornements fleuris et du caractère *Chcou* (longévité).
XVIIIe siècle.

96. — Bouteille, de forme élancée, en poterie brune vernissée.

97. — Vase pitong, gravé, sous couverte céladon, de motifs fleuris
stylisés.

98. — Figure de Hoteï accroupi.

99. — Deux groupes de porcelaine représentant les Ho-o.

100. — Enfant chinois accroupi.

101. — **Deux petits vases conjugués, décorés, sur fond jaune, de
dragons en émaux verts.**

102. — **Vase pitong ajouré, décoré, en polychromie, d'oiseaux dans
les arbres en fleurs.**
XVIIIe siècle.

103. — **Petit vase cornet en deux parties, offrant un décor de la
famille rose.**

104. — **Deux petits pots, de forme arrondie, décorés, en émaux
bleus sur fond brun, de chrysanthèmes stylisés.**

105. — **Deux autres petits pots, formant paire, offrant un décor
similaire.**

106. — **Deux savonnettes décorées, sur fond bleu, de motifs
fleuris.**

107. — **Trois pots couverts en poterie de Satsuma, à décor fleuri.**

108. — **Deux bonbonnières couvertes en *porcelaine cloisonnée*,
décorées, sur fond turquoise, de motifs fleuris.**

109. — **Un pot couvert en poterie de Satsuma, joliment décoré de
bouquets fleuris.**

110. — **Théière en porcelaine blanche, gravée en noir d'un paysage
montagneux.**
Epoque *Kienlong*.

111. — Théière en porcelaine à couverte corail, réservant des médaillons de fleurs et de personnages.

112. — Petit porte-pinceaux en porcelaine à couverte **verte**.

113. — Deux langoustes en faïence céladonée.

114. — Une théière en poterie japonaise à décor de personnages.

115. — Animal chimérique accroupi, la couverte flambée rouge.

116. — Boîte en porcelaine bleu et blanc à décor d'attributs variés.

117. — Deux grandes bonbonnières arrondies, décorées, sur fond blanc, de rinceaux de chrysanthèmes en émaux **rouges**, réservant des médaillons à personnages.
Signées *Ming Ching-ti* mais *Taokuang*.

118 à 120. — Un lot de théières en porcelaine ou poteries variées.

121. — Boîte-drageoir en porcelaine bleu et blanc à décor fleuri.

122 à 126. — Un lot de petites pièces en porcelaine.

127. — Quatre cuillères en porcelaine céladonée, à décor fleuri.

BOLS

128. — Bol en poterie rougeâtre couverte d'une riche glaçure bleutée clair de lune.
XVIIIᵉ siècle.

129. — Soucoupe, en terre rougeâtre, à riche glaçure céladonée.
XVIIIᵉ siècle.

130. — Grand bol en poterie à couverte crème, gravé de dragons.
XVIIIᵉ siècle.

131. — Joli bol en ancien blanc de Chine, gravé sous couverte de motifs fleuris.
Signé *Kang-hi*.

132. — Deux bols évasés décorés de dragons au milieu des nuages.
Signés *Ming* mais style *Yungching*.

133. — Deux autres bols à décor de médaillons fleuris.
Même époque.

134. — Tasse évasée, offrant un décor fleuri en émaux Yungching.

135 à 137. — Sept bols, dont un couvert. en porcelaine céladonée, décorés de bouquets et d'attributs divers.
Cachet *Kienlong*.

138. — Deux jolis bols à couverte corail, réservant des médaillons de personnages et de fleurs.
Cachet *Kienlong*.

139. — Joli bol à couverte bleu soufflé, décoré. en or, de dragons dans les nuages.
Cachet *Kienlong*.

140. — **Deux bols couverts, extérieurement bleu soufflé, intérieurement offrant un décor bleu et blanc de motif fleuri stylisé.**
Cachet *Kienlong*.

141. — Joli bol très évasé, décoré en réserve, sur un fond vert pastel, de médaillons fleuris en émaux violacés.
Cachet *Kienlong*.

142. — Joli bol décoré, en relief, d'émaux bleus et bruns. de rochers et de motifs fleuris.
Cachet *Kienlong*.

143. — Joli bol décoré, dans le tyle des Ming. d'un cerf et d'une biche sous un pin.
Cachet *Kienlong*.

144. — Quatre jolis bols évasés. le marli droit, en porcelaine bleu et blanc à décor fleuri.
Cachet *Kienlong*.

145. — Bol en porcelaine blanche décoré, dans le style Yungching, des huit emblèmes bouddhiques.
Cachet *Kienlong*.

146. — Bol en porcelaine verte à fond gravé, décoré. en polychromie, de bouquets fleuris.
Cachet *Kienlong*.

147. — Deux bols en porcelaine blanche décorés, en émaux bleus et rouges, de dragons dans les nuages.
Signée *Ming* mais *Kiaking*.

148. — **Bol à couverte corail décoré, en or, de caractères divers.**
Cachet *Kienlong*.

149. — **Deux petits bols très finement décorés de nombreux personnages.**
Epoque *Kienlong*.

150. — Bol à couverte monochrome foie de mulet.
Epoque *Taokuang*.

151. — Deux jolis bols décorés de fins bouquets de la famille rose.
Marqués *Ming* mais *Taokuang*.

152. — Bol décoré, dans le style Kang-hi, de dragons et de phénix.
Epoque *Kiaking*.

153. — Deux bols évasés, en porcelaine bleu et blanc, à décor de chevaux.

154. — Deux petites tasses décorées, sur un fond laqué imitant le bois, de bouquets fleuris polychromes.

155 à 157. — Un lot de petites tasses.

PLATS, ASSIETTES ET SOUCOUPES

158. — Très beau plat, décoré dans le style des porcelaines japonaises d'Imari, de bouquets fleuris en émaux bleus, verts, or et rouges.
Epoque *Kang-hi*.   Diam. 31 cm.

159. — Deux assiettes à décor fleuri. en émaux verts et rouges.
Epoque *Kang-hi*.

160. — Trois assiettes décorées de vases fleuris et d'attributs.
Epoque *Kang-hi*.

161. — Quatre assiettes à décor de plantes aquatiques vers lesquelles volent de gracieux papillons.
Epoque *Kang-hi*.

162. — Deux très jolies assiettes en émaux bleus et bruns, décorés de buissons fleuris et de rochers.
Epoque *Kang-hi*.

163. — Soucoupe décorée d'un phénix et d'oiseaux aquatiques.
Epoque *Kang-hi*.

164. — Plat en porcelaine bleue décoré, en réserve blanche, de dragons affrontés, dans les nuages.
Epoque *Kang-hi*.

165. — Plat en porcelaine bleu et brun à décor de poissons.
Epoque *Kang-hi*.

166. — Très beau plat de la famille rose, montrant deux coqs se
menaçant, au milieu de massifs fleuris.
Epoque *Yungching*.   Diam. 39 cm.

167 à 172. — Un lot d'assiettes et de soucoupes offrant des décors
fleuris variés.
Epoque *Yungching*.

173 à 185. — Un lot important d'assiettes, de plats et de soucoupes, de décors variés.
Epoque *Kienlong*.

186 à 196. — Un lot important d'assiettes et de soucoupes, de décors variés.
Epoque *Taokuang*.   Haut. 31 cm.

197. — Un grand plat en porcelaine bleu et blanc, décoré d'une
chimère au milieu de buissons fleuris.
XVIII° siècle.   Diam. 50 cm.

198 à 200. — Trois grands plats, dont deux formant paire, en
porcelaine bleu et blanc, décorés de motifs fleuris stylisés, dans le
style persan.
XVIII° siècle.   Diam. 40 cm.

201. — Un plat en ancienne faïence de Rhodes, à décor fleuri.
Diam. 30 cm.

202. — Deux jolies assiettes en porcelaine japonaise de Kizaye-
mon, décorées de deux biches et de branches d'érables.
Diam. 18 cm.

203. — Grande plaque, de forme carrée, en porcelaine bleu et
blanc décorée de motifs fleuris.
XIX° siècle.   Diam. 58 cm.

204. — Deux plaques en porcelaine bleu et blanc, offrant un
décor similaire.
XIX° siècle.   Diam.

205. — Une vasque, de forme arrondie, en porcelaine bleu et
blanc, à décor de chrysanthèmes stylisés.

206. — Deux vasques en porcelaine bleu soufflé.

207 et 208. — Quatre petits cache-pots en porcelaines diverses.

209. — Une cuvette en porcelaine de Canton, à décor fleuri.

210. — Une aiguière en porcelaine de Canton, de décor similaire.

211 et 212. — Un lot de pièces diverses en porcelaine de Canton.

213. — Une grande jardinière en poterie rouge, imitant une section d'arbre.

214. — Cinq coupes à fruits en porcelaine bleu et blanc, à décor de chauves-souris et de caractères du bonheur.

215 à 218. — Un lot de pièces diverses en faïence *kabyle*.

219 à 221. — Un lot de pièces en faïence *mexicaine*.

222 à 232. — Une très intéressante collection de statuettes en poterie d'une grande finesse d'exécution, représentant les multiples métiers des indigènes de l'Inde et de l'Afrique Equatoriale.

Haut. 25 cm.

233 à 243. — Une collection de fines statuettes en poterie représentant divers types de la race chinoise. Pièces d'une grande finesse d'exécution.

Haut. 25 cm.

TABATIÈRES

244. — Une importante collection de tabatières en porcelaine, verre, etc. (Sera divisée.)

BRONZES

245. — Une paire de vases cornets en bronze, d'une très belle patine brune, gravée de palmes et de fleurettes; l'épaulement supporte deux jolies anses en forme de papillons; dans le col s'emboîte une pièce formant large marli.

Japon XVIII⁰ siècle.   Haut. 40 cm.

246. — Une autre paire de vases cornets d'un style et d'un décor similaires.

Japon XVIII⁰ siècle.   Haut. 40 cm.

247. — Une paire de très beaux vases cornets en bronze, ciselés sur la panse de scènes à personnages; le col, à marli droit, est ciselé de fleurs variées très finement exécutées.

Japon XVIII⁰ siècle.   Haut. 40 cm.

248. — Joli vase cornet en bronze d'une belle patine brune, décoré de palmettes à fond gravé, l'épaulement supportant deux anses à têtes chimériques.

Japon XVIIIᵉ siècle.   Haut. 30 cm.

249. — Très beau vase tubulaire en bronze très finement niellé de poissons se jouant dans les vagues.

Japon XVIIIᵉ siècle.   Haut. 30 cm.

250. — Joli vase cornet à large marli droit, supporté par trois pieds à têtes chimériques : sur la panse, ciselés en haut relief, deux oiseaux Hoô volant.

Japon fin XVIIIᵉ siècle.   Haut. 30 cm.

251. — Deux jolis brûle-parfums tripodes, sur socles, en bronze à patine claire, entièrement ciselés ou ajourés de motifs de fleurs de cerisier.

Japon XVIIIᵉ siècle.   Haut. 31 cm.

252. — Deux vases tubulaires en bronze, formant paire, ciselés en haut relief de dragons dans les nuages.

Japon XVIIIᵉ siècle. Signé : *To-un*.   Haut. 28 cm.

253. — Joli groupe en bronze formant brûle-parfums, représentant Kinko, sur sa carpe, lisant un manuscrit. Très belle patine claire.

Japon XVIIIᵉ siècle.   Diam. 26 cm.

254. — Une paire de chandeliers de temple, sur socle tripode.

Japon XVIIIᵉ siècle.   Haut. 25 cm.

255. — Groupe en bronze représentant une divinité aux nombreux bras, tenant des attributs variés.

Haut. 55 cm.

256. — Brûle-parfums tripode en bronze, la panse décorée, sur fond de grecques, de motifs à Taotieh ; le couvercle, ajouré, est surmonté d'une chimère jouant avec une sphère.

XVIIIᵉ siècle.   Haut. 30 cm.

257. — Cloche en bronze, à jolie patine verte, d'origine européenne. Datée 1745.

258. — Groupe en bronze représentant un dragon dressé sur ses pattes.

259. — Un lot de petits vases en bronze, dont plusieurs formant paire.

PIERRES DURES, LARDITES, IVOIRES

260. — Figure en cristal de roche, travail ancien, représentant un personnage accroupi.

261. — Autre figure en cristal de roche, ancien, représentant également un personnage accroupi.

262. — Petite coupe en jade grisâtre, gravée d'un paysage et flanquée de deux anses finement ajourées, à décor fleuri.

263. — Coupe en jade blanc gris formée d'une section de fruits et sculptée d'un oiseau sur une tige fleurie, formant anse.

264. — Bracelet en jade vert foncé, à taches de rouille.

265. — Deux pendentifs en jade blanc.

266. — Figure de Kwannin, avec l'Enfant, en pierre de lard brune, imitant l'agate.

267. — Grosse figure de poussat souriant, en lardite brun vert.

268. — Coupe à libations en lardite brune à décor fleuri.

269. — Un lot de cachets divers en pierre de lard.

270. — Coupe à libations en corne de rhinocéros.

271. — Gobelet en écaille, finement sculpté d'un paysage.

272. — Gobelet en corne.

273. — Bouteille et gobelet en verre blanc opaque.

274 à 281. — Une collection de huit bouddhas cambodgiens, en pierre, marbre et albâtre, rehaussés d'or (sera divisée).

282. — Une jolie figure de bouddha couché, en marbre blanc.

283. — Un groupe en terre de pipe : singe et kaki.

284 à 288. — Un lot de statuettes thibétaines, représentant Ganeça ; pierres diverses.

289. — Joli coffret rectangulaire en ivoire, très finement sculpté de médaillons à personnages et de guirlandes fleuries.

290 à 291. — Deux jolis porte-cartes en ivoire, finement sculptés de scènes à personnages.

292. — Puzzle chinois, contenu dans une boîte en ivoire, ajouré en dentelle.

293. — Petite boîte en ivoire, incrusté de corail et de nacre décorée d'un oiseau sur un arbre en fleurs.

294. — Boîte tubulaire en ivoire, sculpté sur un fond ajouré de nombreux personnages dans un jardin.

295. — Coupe-papiers en ivoire sculpté et ajouré d'une véritable dentelle.

296. — Deux netsuke en ivoire.

297. — Une molaire d'éléphant.

298 à 300. — Un lot de manches de couteaux en molaires d'éléphants.

301. — Trois presse-papiers en défense et molaire d'éléphant.

302. — Boîte rectangulaire taillée dans une molaire d'éléphant.

303. — Petit chariot attelé en ivoire sculpté.

304. — Boussole astronomique chinoise en os. Un puzzle chinois.

305. — Une paire de lunettes chinoises, les verres de cristal fumé. Deux petites boîtes en argent filigrané.

BOIS SCULPTÉS ET LAQUES

306. — Coupe lobée en ancien laque rouge de Pékin, sculptée de motifs fleuris et d'un dragon stylisé.
     Signé : *Ming-Wanli*.   Diam. 22 cm.

307. — Coupe, à marli droit, en ancien laque rouge de Pékin, à décor fleuri.

308. — Deux pots à thé couverts, en ancien laque rouge.

309. — Deux bonbonnières octogonales, en ancien laque rouge.

310. — Socle carré, en laque rouge, à décor fleuri.

311. — Deux bonbonnières octogonales en laque noir sculpté de motifs fleuris.

312. — Bonbonnière octogonale en laque imitant l'écaille.

313. — Deux bouddhas cambodgiens.

314. — Bouddha cambodgien en bronze, offrant des traces de dorure et une très jolie patine verte.

315. — Groupe en bronze, formant brûle-parfums, représentant Gama Sennin dansant sur son crapaud à trois pattes.

316 à 320. — Un lot de petites pièces diverses, en bronze.

321. — Très jolie coupe en bronze à patine brune, représentant une feuille de lotus.

322. — Animal chimérique accroupi. Bronze de patine verte.

323. — Vase en forme d'un gobelet très finement niellé d'attributs divers.

324. — Trois crabes.

325. — Deux boîtes formant cachet et poids.

326 à 333. — Une très jolie collection de petites statuettes en bronze de l'art brahmanique, Vichnou et des Donalabalar, Krichna volant du beurre, Parvati, Ganeça, etc. (sera divisée).

334. — Jolie statuette en bronze, représentant Wen-tchang, le dieu des lettres, assis, tenant entre les mains la tablette sacrée.
XVIIe siècle.   Haut. 23 cm.

335. — Miroir shintoiste.

336. — Deux jolis vases couverts en cuivre finement gravé de motifs fleuris. Perse.
                                            Haut. 40 cm.

337. — Deux autres pots couverts d'un décor similaire.
                                            Haut. 25 cm.

338. — Deux aiguières en cuivre ciselé de motifs fleuris. Chine.
                                            Haut. 25 cm.

339. — Un gong et son battant.

ÉMAUX CLOISONNÉS

340. — Cuvette creuse en ancien émail cloisonné japonais, à décor de fleurettes variées.
                                          Diam. 38 cm.

341 à 350. — Une collection de dix-sept assiettes en ancien émail cloisonné japonais, décorées de motifs divers (sera divisée).

351. — Deux cendriers en émail cloisonné chinois, à décor de fleurs.

352. — Petit vase tubulaire en ancien émail cloisonné chinois, décoré sur fond turquoise de chrysanthèmes stylisés.

XVIIe siècle.   Haut. 8 cm.

ÉMAUX PEINTS

353. — Jolie assiette lobée, en émail peint de Canton, décorée en réserve sur un fond de couleur d'un médaillon à personnages.

XVIIIe siècle.

354. — Drageoir en émaux peints de Canton, décoré de scènes à personnages.

XVIIIe siècle.

355. — Six tasses et leurs soucoupes, en émaux de Canton, à décor d'attributs divers.

XVIIIe siècle.

356. — Trois tasses et leurs soucoupes, décorées sur fond jaune de motifs fleuris.

XVIIIe siècle.

357. — Deux tasses et leurs soucoupes, offrant un décor similaire aux précédentes, sur fond vert.

XVIIIe siècle.

358. — Deux soucoupes décorées sur fond bleu d'attributs divers.

359. — Quatre petites soucoupes lobées, à décor de personnages.

360. — Vide-poche en émaux peints, à décor d'oiseaux et de fleurs.

361. — Cinq cuillères, à décor de personnages hollandais.

362. — Boîte tubulaire à deux compartiments, décorée sur fond bleu d'attributs bouddhiques.

LAQUES ET BOIS

363. — Coffret à papier, de forme rectangulaire, en laque persan.

364. — Bonbonnière, le couvercle bombe, en laque de Perse.

365. — Sous-main en laque de Perse.

366. — Tableau pour jeu d'échecs.

367 à 369. — Trois coupes de formes variées en laque de Perse.

370 à 377. — Collection de boîtes, potiches, etc., en laque de Perse.

378. — Table guéridon, ronde, en bois incrusté de nacre, à décor de scènes diverses.
Tonkin.   Diam. 90 cm.

379. — Plateau, d'un travail similaire.

Diam. 65 cm.

380. — Vide-poche, de forme carrée, décoré en relief, d'incrustations de nacre.

Diam. 25 cm.

381. — Deux vide-poches de forme rectangulaire; travail similaire. Boîte en bois incrusté de nacre, à décor fleuri.

Diam. 25 cm.

382 à 391. — Une collection de coupes à saké en laque rouge, rehaussé d'or, offrant des décors variés.
Japon XVIIIe siècle.

392. — Coffret en bois de camphrier, sculpté de scènes à personnages.

Diam. 38 cm.

393. — Coffret en bois de camphrier, très finement sculpté de motifs fleuris.

Diam. 25 cm.

394. — Boîte rectangulaire en camphrier et ivoire incrusté.
Diam. 30 cm.

395. — Boîte à jetons en laque du Sud de la Chine.

396. — Boîte rectangulaire en laque de Futcheou, à décor fleuri.

397. — Groupe en racine sculpté de Hoteï, jouant avec des enfants.

398. — Tube porte-messages en bambou sculpté et ajouré de scènes à personnages.

399. — Deux pièces en bambou sculpté : Cheoulaos-Sampang.

400. — Deux tubes en bambou, gravés de scènes à personnages.

Haut. 27 cm.

401. — Joli tobakobon en bois sculpté.

402. — Encrier en bois incrusté d'ivoire.

403. — Figure en bois doré, thibétain, représentant Çakya Muni.

404 à 406. — Trois plateaux en bois laqué à décors variés.

407. — Grand panneau mural en bois et porcelaine, à décor fleuri. Le bois est couvert d'un semis de verre broyé.

Diam. 75 cm.

408. — Très bel écran en bois, décoré en application de corne de rhinocéros finement sculptée d'un éléphant portant le tribut.

Haut. 23 cm.

409. — Très joli écran en ancien laque rouge de Pékin, sculpté de dragons au-dessus des flots poursuivant le joyau sacré.

xviiie siècle.   Diam. 50 cm.

410. — Ecran en bois naturel incrusté d'ivoire, offrant des scènes à personnages.

411. — Ecran en bois naturel incrusté de nacre et de pierre, offrant un paysage maritime.

412. — Ecran en pierre de lard sculpté d'un personnage.

DIVERS

413 à 420. — Un lot de colliers de mandarins en ivoire, jade, quartz rose, ambre, bois, etc.

421. — Poignard en forme d'éventail.

422 à 430. — Un lot de huit poignards minuscules (sera divisé). Sabre à deux lames dans un seul étui.

431 à 436. — Un lot de statuettes en bois polychromé de l'Inde, représentant une suite de divinités ou des reproductions de divers métiers.

437 à 444. — Un lot de boîtes diverses (sera divisé).

445 à 452. — Une collection de livres illustrés.

453. — Mouchoirs brodés en fil de bananier.

454. — Armure et sa caisse.

455. — Reproductions en moelle de sureau de temples de l'Inde.

456. — Un lot de socles en bois sculptés.

457. — Numéros omis.

J. POIRIER, éditeur, 11, rue Auber, PARIS.

9 782329 541419